Elite Girls
Wear Pearls:
100 Virtues of Strong,
Empowered and
Balanced Women

Las chicas de élite usan perlas:
100 virtudes de mujeres fuertes,
empoderadas y equilibradas

Elite Girls Wear Pearls: 100 Virtues of Strong, Empowered and Balanced Women

Las chicas de élite usan perlas: 100 virtudes de mujeres fuertes, empoderadas y equilibradas

Cassaundra Mulligan, Editor/Magaly Torres
(Editorial Bilingüe)

Cover and interior arrangements by –
Kathrine Rend – Rend Graphics
www.rendgraphics.com

Portada y arreglos interiores por -
Kathrine Rend - Rend Graphics
www.rendgraphics.com

Printed in the United States of America.
Impreso en los Estados Unidos de América.

ISBN-13: 978-0-9801052-7-8

Poetic Expressions by Terri
Expresiones poéticas por Terri
Terri L. McCrea, M.Ed., LPC, LPC/S
1643 B Savannah Highway, #113 Charleston, SC 29407
Mobile (843) 437-7572/Fax (843) 763-7202
poeticexpressions@att.net

Elite Girls
Wear Pearls:
100 Virtues of Strong,
Empowered and
Balanced Women

Las chicas de élite usan perlas:
100 virtudes de mujeres fuertes,
empoderadas y equilibradas

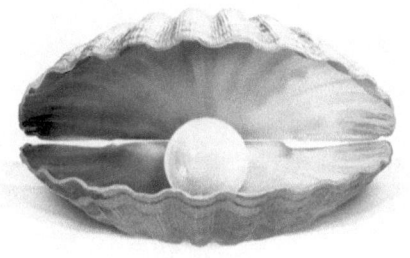

by / por

Terri L. McCrea, M.Ed., LPC, LPC/S

Dedication

This enlightening, essential and empowering guide is dedicated to my mother, Annabelle H. McCrea, who was called home on Valentine's Day (February 14, 2003) after serving as a phenomenal educator, mother, wife, grandmother, faithful church leader and civic figure. She impacted and made a difference in lives of countless young minds.

Until her passing, my mother was a dutiful member of Gamma Xi Omega Chapter of Alpha Kappa Alpha Sorority, Inc. (the first Greek-lettered sorority, established, January 15, 1908) and wore her pearls with pride and grace. I was honored when she passed her pearls down to me.

When I reminisce of my mom, Proverbs 31:10 comes to mind – "Who can find a virtuous woman? For her price is far above rubies."

I would like to thank all young ladies and women who exemplify empowerment and walk like queens.

Dedicación

Esta guía instrumental esclarecedora, esencial y motivadora está dedicada a al está dedicada a mi madre, Annabelle H. McCrea, quien fue llamada a casa el día de San Valentín (14 de febrero de 2003) después de servir como una fenomenal educadora, madre, esposa, abuela, fiel líder de la iglesia y figura cívica. Ella impactó y marcó la diferencia en la vida de innumerables mentes jóvenes.

Hasta su fallecimiento, mi madre era miembro obediente de Gamma Xi Omega Chapter de Alpha Kappa Alpha Sorority, Inc. (la primera hermandad de letras griegas, establecida el 15 de enero de 1908) y lució sus perlas con orgullo y gracia. . Me sentí honrada cuando me heredó sus perlas.

Cuando recuerdo a mi madre, Proverbios 31:10 se me viene a la mente - "Mujer virtuosa, ¿quién la hallará? Porque su estima sobrepasa largamente a la de las piedras preciosas."

Me gustaría agradecer a todas las jóvenes y las mujeres que ejemplifican el empoderamiento y caminan como reinas.

Introduction

This guide of virtues was developed to give teen girls, young ladies and women a blueprint to follow throughout their life's journey. The virtues in this guide were also written to give young men and gentlemen a blueprint while on their quest for their true love, princess and queen.

Women, if you date or marry those who follow the virtues in my Walk Like a King book then you will have found your prince, soulmate and the love of your life.

If all teen girls, young ladies and women embrace the book's virtues, the world will be flooded with influential, imaginative, strong, warm, accomplished, insightful and wise ladies as God had intended for them to become when he first created Eve.

Introducción

Esta guía de virtudes fue desarrollada para darles a las adolescentes, señoritas y mujeres un plan para seguir a lo largo de su vida. Las virtudes de esta guía también se escribieron para darles a los jóvenes y caballeros un plan en su búsqueda de su verdadero amor, princesa y reina.

Mujeres, si salen en citas o se casan con aquellos que siguen las virtudes de mi libro Camina como un rey, entonces habrán encontrado a su príncipe, alma gemela y el amor de su vida.

Si todas las adolescentes, señoritas y mujeres abrazan las virtudes del libro, el mundo se verá inundado de damas influyentes, imaginativas, fuertes, cálidas, exitosas, perspicaces y sabias como Dios había querido que se convirtieran cuando creó por primera vez a Eva..

Elite Girls
Wear Pearls:
100 Virtues
of Strong, Empowered
and Balanced Women

Las chicas de élite usan perlas:
100 virtudes de mujeres fuertes,
empoderadas y equilibradas

Elite Girls
are
good confidants.

Las chicas de élite
son
buenas confidentes.

*Elite Girls
have
hearts of gold.*

*Las chicas de élite
tienen
corazones de oro.*

Elite Girls
are
independent.

Las chicas de élite
son
independiente.

Elite Girls are
champions
of others.

Las chicas de élite
son
defensoras
para otros.

Elite Girls
break
glass ceilings.

Las chicas de élite
rompen
techos de vidrio.

Elite Girls
listen
to their bodies.

Las chicas de élite
escuchan
a sus cuerpos.

Elite Girls
possess
good energy.

Las chicas de élite
poseen
buena energía.

*Elite Girls
believe in happily
ever after(s).*

*Las chicas de élite
creen en felices para
siempre.*

Elite Girls
fight for
their dreams.

Las chicas de élite
luchan por
sus sueños.

Elite Girls
dress
to impress
and
for success.

Las chicas de élite
visten
para impresionar
y para el éxito.

Elite Girls
are
free spirited.

Las chicas de élite
son de espíritu libre.

*Elite Girls
pray.*

*Las chicas de élite
rezan.*

Elite Girls
are
tenacious.

Las chicas de élite
tenaz.

Elite Girls
feel
complete
and
whole.

Las chicas de élite
se sienten
completas y enteras.

Elite Girls
love
the skin
they're in.

Las chicas de élite
adoran
la piel en la
que se encuentran.

Elite Girls
know
their value and their worth.

Las chicas de élite
conocen
su valor.

*Elite Girls
encourage
empowerment.*

*Las chicas de élite
impulsan el
empoderamiento.*

Elite Girls
allow God
to direct their paths.

Las chicas de élite
le permiten a Dios dirigir sus caminos.

Elite Girls
can do anything
a man
can do.

Las chicas de élite
pueden hacer cualquier cosa que
un hombre puede hacer.

*Elite Girls
live their
best lives.*

*Las chicas de élite
viven sus
mejores vidas.*

Elite Girls
think and step
outside the box.

Las chicas de élite
piensan y salen
de la caja.

Elite Girls
are
entrepreneurs.

Las chicas de élite
son
emprendedoras.

Elite Girls
make the
world
a better place.

Las chicas de élite
hacen del
mundo
un lugar mejor.

Elite Girls
have
high standards.

Las chicas de élite
tienen
altos estándares.

*Elite Girls
come in all
shades and sizes.*

*Las chicas de élite
caminan con propósito.*

*Elite Girls
walk with
purpose.*

*Las chicas de élite
son enfocadas en un
propósito.*

Elite Girls
come from
different tribes.

Las chicas de élite
provienen de
diferentes tribus.

Elite Girls
have
class.

Las chicas de élite
tienen
clase.

Elite Girls
are
gracious.

Las chicas de élite
son
amables.

Elite Girls
have
curves.

Las chicas de élite
tienen
curvas.

Elite Girls
are
good friends.

Las chicas de élite
son
buenas amigas.

Elite Girls
walk
in faith.

Las chicas de élite
caminan
con fe.

Elite Girls
have
deal breakers.

Las chicas de élite
tienen
motivos de rupturas.

Elite Girls
say
no.

Las chicas de élite
dicen no.

*Elite Girls
are beautiful
inside and out.*

*Las chicas de élite
son hermosas por
dentro y por fuera.*

Elite Girls
have morals.

Las chicas de élite
tienen moral.

Elite Girls
carry themselves
with pride
and dignity.

Las chicas de élite
se portan con orgullo
y dignidad.

Elite Girls
practice
mindfulness.

Las chicas de élite
practican la
conciencia plena.

Elite Girls
have
brains, beauty
and
business savvy.

Las chicas de élite
tienen
inteligencia, belleza y conocimiento de los negocios.

Elite Girls
are
philanthropist.

Las chicas de élite
filántropas.

Elite Girls
bring closure
to their baggage.

Las chicas de élite
dan cierre
a su carga.

Elite Girls
are both
book smart
and
street smart.

Las chicas de élite
son listas en cuanto a los libros y para las calles.

Elite Girls
schedule daily
'me time' and staycations.

Las chicas de élite
programan diariamente
"tiempo para mí" y vacaciones
en casa.

*Elite Girls
rock.*

*Las chicas de élite
son asombrosas.*

Elite Girls
are
world travelers.

Las chicas de élite
son
viajeras mundiales.

Elite Girls
dance
the night away.

Las chicas de élite
bailan toda la noche.

Elite Girls
stand out
from the rest.

Las chicas de élite
se
destacan
del resto.

Elite Girls
are
activists.

Las chicas de élite
son
activistas.

Elite Girls
are
balanced.

Las chicas de élite
son
equilibradas.

Elite Girls
are
fearless.

Las chicas de élite
no tienen
miedo.

Elite Girls
are
princesses.

Las chicas de élite
son
princesas.

Elite Girls
walk
in peace.

Las chicas de élite
caminan
en paz.

Elite Girls
are
queens.

Las chicas de élite
son
reinas.

Elite Girls
are
visionaries.

Las chicas de élite
son visionarias.

Elite Girls
use their
God given intuition.

Las chicas de élite
usan su
intuición dada por Dios.

Elite Girls
are
versatile.

Las chicas de élite
son
versátiles.

Elite Girls
are
introspective.

Las chicas de élite
son
introspectivas.

Elite Girls
walk in humility.

Las chicas de élite
caminan
con humildad.

Elite Girls
are
reflective.

Las chicas de élite
son
reflexivas.

Elite Girls
walk in epiphanies.

Las chicas de élite
caminan
en epifanías.

*Elite Girls
are
graceful.*

*Las chicas de élite
son
elegantes.*

Elite Girls
are
open minded.

Las chicas de élite
son
de mente abierta.

Elite Girls
walk
in love.

Las chicas de élite
caminan
en el amor.

Elite Girls
only date or marry
those who know
how to nurture their soul.

Las chicas de élite
solo salen o se casan con aquellos que
saben cómo nutrir su alma.

Elite Girls
are
gifts to the world.

Las chicas de élite
son
regalos para el mundo.

Elite Girls
are
heaven–sent.

Las chicas de élite
son
enviadas por el cielo.

*Elite Girls
walk in truth.*

*Las chicas de élite
caminan
en la verdad.*

Elite Girls
are
sympathetic and empathetic.

Las chicas de élite
son
simpáticas y empáticas.

Elite Girls
are great leaders.

Las chicas de élite
son grandes líderes.

Elite Girls
believe
in karma.

Las chicas de élite
creen
en el karma.

Elite Girls
walk in joy.

Las chicas de élite
caminan
de alegría.

Elite Girls
make their
wants known.

Las chicas de élite
dan a conocer sus
deseos.

Elite Girls
count
their
blessings.

Las chicas de élite
cuentan
sus
bendiciones.

Elite Girls
know how to
throw down
in the kitchen.

Las chicas de élite
saben hacer
magia en la cocina.

Elite Girls
demand
respect.

Las chicas de élite
exigen
respeto.

Elite Girls
are
in charge
of their
destiny.

Las chicas de élite
están
a cargo
de su
destino.

Elite Girls
are
artistic.

Las chicas de élite
son
artísticas.

Elite Girls
make their
needs clear.

Las chicas de élite
hacen sus
necesidades claras.

Elite Girls
honor vows and promises.

Las chicas de élite
honran votos y promesas.

Elite Girls
lift up all
girls, young ladies and women.

Las chicas de élite
levantar todo
niñas, señoritas y mujeres.

Elite Girls
see the big picture.

Las chicas de élite
ven el panorama completo.

Elite Girls
are
ethereal.

Las chicas de élite
son etéreas.

Elite Girls
are
passionate about life.

Las chicas de élite
son
apasionadas de la vida.

Elite Girls
walk in authenticity.

Las chicas de élite
caminan con autenticidad.

Elite Girls
motivate.

Las chicas de élite
motivan.

Elite Girls
see the good in others.

Las chicas de élite
ven lo bueno en los demás.

Elite Girls
are
incredibly special.

Las chicas de élite
son
increíblemente especiales.

Elite Girls
inspire.

Las chicas de élite
inspiran.

Elite Girls
are
drama free.

Las chicas de élite
son
libre de drama.

Elite Girls
are creative.

Las chicas de élite
son creativas

Elite Girls
make good
choices and wise decisions.

Las chicas de élite
toman buenas
elecciones y toman decisiones sabias.

Elite Girls
are
compassionate, caring and
conscientious moms.

Las chicas de élite
son madres
compasivas, atentas y
concienzudas.

Elite Girls
are
survivors.

Las chicas de élite
son
sobrevivientes.

Elite Girls
are
patient and kind.

Las chicas de élite
son
pacientes y amables.

Elite Girls
walk
with confidence.

Las chicas de élite
caminan
con confianza.

Elite Girls
radiate
and
exude
strength.

Las chicas de élite
irradian
y
exudan
fuerza.

Elite Girls
smell like
roses,
jasmine
and
lavender blossoms.

Las chicas de élite
huelen a
rosas,
jazmín y
flores de lavanda.

Elite Girls
respect
their bodies.

Las chicas de élite
respetan
sus cuerpos.

Elite Girls
know the difference
between needs versus wants.

Las chicas de élite
saben la diferencia
entre necesidades y deseos.

Elite Girls
wear
pearls.

Las chicas de élite
usan
perlas.

Summary

It has to feel confusing, exciting and overwhelming existing in this crazy new normal world as a girl growing into a teen blossoming into a young lady while vacillating through womanhood.

In spite of it all, I challenge Elite Girls to walk in the book's virtues in order to be true to self while making a difference one heart, one mind and one soul at a time.

Resumen

Tiene que sentirse confuso, emocionante y abrumador en este mundo normal nuevo y loco como una niña que se convierte en una adolescente floreciendo en una joven dama mientras vacila a través de la feminidad.

A pesar de todo, desafío a las chicas de élite a caminar en las virtudes del libro para ser fiel a uno mismo mientras se hace la diferencia un corazón, una mente y un alma a la vez.

Author

Terri McCrea is a native of Charleston, South Carolina. She has provided counseling for the past 31 years (23 years of that in private practice). She graduated from St. Andrews Parish High School and the College of Charleston before receiving her Master's Degree in Clinical Counseling from The Citadel. She is an Adjunct Professor, a Licensed Addiction Counselor, a Licensed Professional Counselor, a Licensed Professional Counselor Supervisor and served as a Continuing Education provider for the South Carolina Board for Licensed Professional Counselors, Social Workers, Marital and Family Therapists, Psychologists and Psycho-educational Specialists. She conducts local and national workshops on her 17 books as well as a Life Skills Summer Camp (ages five to eighteen), parenting classes, domestic violence classes and anger management classes. She is the Outreach Coordinator of the Old Bethel United Methodist Church's Community Outreach Program. This platform provides preventative, educational, rehabilitative, counseling, and evangelistic services to the Low Country's at-risk youths, families (including the elderly, poor, imprisoned, homeless, disabled and indigent).

Terri writes mental health articles for local magazines and newspapers. She guest appears for mental health segments on local radio and television networks. She can be described as a coach, counselor, visionary, poet, free spirit and believer that everyone and everything has a purpose. She is a member of the Poetry Society of South Carolina (PSSC), Old Bethel United Methodist Church Choir, Gamma Xi Omega Chapter of Alpha Kappa Alpha Sorority, Inc. and is a proud aunt and grand aunt.

Terri is available for book signings, charity events, public/ motivational speaking engagements, workshop facilitation, interviews, and expert appearances (radio, web, television and podcast) and poetry readings. She has self-published four self-help workbooks, four inspirational guides for couples in love, one parenting guide, four empowering guides for children, a College survival guide, a wedding vow book (English/Spanish translation), a how-to-date book and her first collection of poems (2007-2020).

La autora

Terri McCrea es originaria de Charleston, Carolina del Sur. Ella ha brindado servicio de terapia durante los últimos 31 años (23 años en la práctica privada). Se graduó de St. Andrews Parish High School y el College of Charleston antes de recibir su Maestría en Consejería Clínica de The Citadel. Es profesora adjunta, consejera con licencia de adicciones, consejera profesional con licencia, supervisora de consejería profesional con licencia y proveedora de educación continua para la Junta de Carolina del Sur para consejeros profesionales con licencia, trabajadores sociales, terapeutas maritales y familiares, psicólogos y especialistas Psicoeducativos. Dirige talleres locales y nacionales sobre sus 17 libros, así como un Campamento de verano de habilidades para la vida (de cinco a dieciocho años), clases para padres, clases de violencia doméstica y clases de manejo de la ira. Ella es la Coordinadora de Alcance del Programa de Alcance Comunitario de la Iglesia Old Bethel United Methodist. Esta plataforma brinda servicios preventivos, educativos, de rehabilitación, de asesoramiento y evangelismo a los jóvenes en riesgo del Low Country, familias (incluidos los ancianos, pobres, encarcelados, sin hogar, discapacitados e indigentes).

Terri escribe artículos de salud mental para revistas y periódicos locales. Ella aparece como invitada para segmentos de salud mental en redes locales de radio y televisión. Ella puede ser descrita como una entrenadora, consejera, visionaria, poeta, espíritu libre y creyente de que todos y todo tienen un propósito. Es miembro de la Sociedad Poética de Carolina del Sur (PSSC), el coro de la iglesia Old Bethel United Methodist, Gamma Xi Omega Chapter de Alpha Kappa Alpha Sorority, Inc. y es una orgullosa tía y tía abuela.

Terri está disponible para firmas de libros, eventos de caridad, compromisos de charlas públicas/ motivacionales, facilitación de talleres, entrevistas y apariciones de expertos (radio, web, televisión y podcast) y lecturas de poesía. Ella ha publicado cuatro libros de autoayuda, cuatro guías inspiradoras para parejas enamoradas, un guía para padres, cuatro guías de capacitación para niños, una guía de supervivencia para la universidad, un libro de votos matrimoniales (traducción en inglés/ español), un libro de instrucciones para citas románticas y su primera colección de poemas (2007-2020).

Poetic Expressions by Terri
Expresiones poéticas de Terri
1643-B Savannah Hwy, Suite 113,
Charleston, SC 29407
(main / principal) 843.437.7572
(facsimile / fax) 843.763.7202
poeticexpressions@att.net

*Visit/ visita: www.btol.com
www.Amazon.com
www.Alibris.com
www.Abebooks.com
www.Booksurge.com

Terri L. McCrea's Books

- *The Power of Forgiveness: A Step by Step Guide on How to Let Go, Move on and Begin Living*

- *Problem Solving One on One: Proactive Tactics for Millennium Youths*

- *A Teacher's Dream: A Goal Setting Guide for Tots and Tweens*

- *The Joy of Living*

- *Unleashing the Lion: A Guide to Helping Parent's, Teacher's and Counselor's Understand the Verbal and Nonverbal Language of Children, Tweens and Teens*

- *I Wanna Be…(Inspirational Quotes from Women in Love)*

- *I Wanna Be… (Inspirational Quotes from Men in Love)*

- *What Women Want to Hear {not just} on Valentine's Day but Everyday*

- *How to Stroke the Male Ego: Words that Make Your Man Feel like a King*

- *It's Ok for Boys to…*

- *It's Ok for Girls to…*

- *Walk Like a King: 100 Virtues of a True Gentleman*

- *Elite Girls Wear Pearls: 100 Virtues of Strong, Empowered and Balanced Women*

- *Soul Encounters: The Collective Poetry of Terri L. McCrea (2007-2020)*

- *Walking in Love: Wedding Vows for that Special Day*

- *College Bound*

- *2003. 2004, 2nd Edition 2008, What Price Are You Willing to Pay for Love? (Author house: ISBN: 1-418-6299-3 (e-book)/ISBN: 1-4184-3315-2 (Paperback)*

Los libros de Terri L. McCrea

- *El poder del perdón: Una guía paso a paso sobre cómo dejar ir, seguir adelante y comenzar a vivir*

- *Solución uno a uno para problemas: tácticas proactivas para jóvenes del milenio*

- *El sueño de un maestro: una guía para establecer metas para pequeños y preadolescentes*

- *La alegría de vivir*

- *Desatando al león: Una guía para ayudar a padres, maestros y consejeros para entender el lenguaje verbal y no verbal de los niños preadolescentes y adolescentes*

- *Quiero ser ... (Citas inspiradoras de Mujeres enamoradas)*

- *Quiero ser ... (Citas inspiradoras de Hombres enamorados)*

- *Lo que las mujeres quieren escuchar {no solo} en el día de San Valentín sino todos los días*

- *Cómo acariciar al ego masculino: Palabras que hacen a tu hombre sentirse como un rey*

- *Está bien que los niños ...*

- *Está bien que las niñas ...*

- *Camina como un rey: 100 virtudes de un verdadero caballero*

- *Las chicas de élite usan perlas: 100 virtudes de mujeres fuertes, empoderadas y equilibradas*

- *Encuentro del alma: La poesía colectiva de Terri L. McCrea (2007-2020)*

- *Caminando en el amor: votos matrimoniales para ese día especial*

- *Rumbo al Colegio*

- *2003. 2004, 2a edición 2008, ¿Qué precio estás dispuesto a pagar por el amor? (Casa del autor: ISBN: 1-418-6299-3 (libro electrónico) / ISBN: 1-4184-3315-2 (Libro en rústica)*